PAROLES PRONONCÉES

SUR LA TOMBE DE

M. AMIOT

ANCIEN PROFESSEUR DE MATHÉMATIQUES SPÉCIALES

Par M. BÉNARD

ANCIEN PROFESSEUR DE PHILOSOPHIE

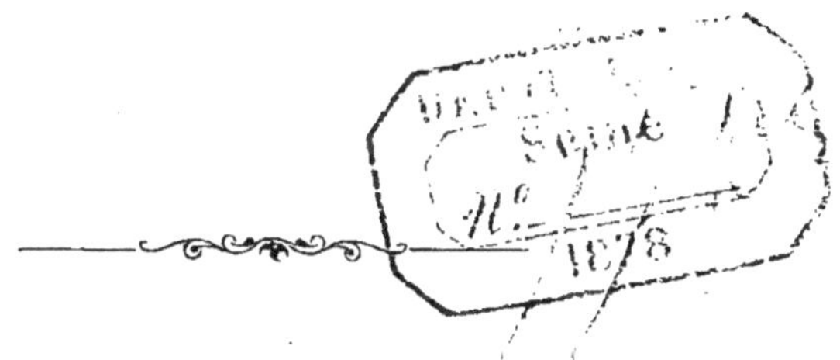

PARIS

IMPRIMERIE TYPOGRAPHIQUE DE P. MOUILLOT

13, QUAI VOLTAIRE, 13

—

1878

PAROLES PRONONCÉES

SUR LA TOMBE DE

M. AMIOT

ANCIEN PROFESSEUR DE MATHÉMATIQUES SPÉCIALES

Par M. BÉNARD

ANCIEN PROFESSEUR DE PHILOSOPHIE

Qu'il soit permis à un ami de dire un dernier adieu
à celui qui fut son condisciple il y a cinquante ans, qu'il
a depuis retrouvé, mieux connu encore, aimé, estimé,
dont il a pu, dans un commerce intime et fréquent,
apprécier les rares et solides, j'oserai dire, les hautes
qualités, et qui vient de nous être si rapidement, si
inopinément enlevé. J'avoue aussi que je n'ai pu sup-
porter l'idée que sa tombe, en ce moment, restât
muette, ou même qu'un simple adieu suffît à un tel
homme, je dis à un homme qui, sans avoir occupé
les hautes positions universitaires, n'en a pas moins
honoré l'Université, qui a laissé après lui le souvenir
d'excellents services rendus à l'enseignement public
et de travaux des plus estimables dans la science. Si,
sous ce dernier rapport surtout, je m'acquitte mal de

ma tâche en rappelant brièvement ses titres, je prie qu'on ne s'en prenne qu'à mon insuffisance et à mon incompétence. D'autres, sans doute, ailleurs, sauront mieux les exposer et les apprécier.

Benjamin-Michel Amiot naquit à Bricquebec, dans la Manche, en septembre 1806. Il fit ses études d'une manière brillante au collége de Valognes et vint les achever à Caen, en mathématiques spéciales. Entré à l'Ecole normale en 1828, il en sortit en 1830, déjà fort apprécié de ses maîtres et de ses condisciples. Reçu agrégé la même année, il fut nommé professeur de mathématiques élémentaires à Caen. Il s'y distingua et obtint un rapide avancement les années suivantes. De Caen il fut appelé à Rouen, de Rouen à Paris, d'abord comme professeur divisionnaire au collége Saint-Louis ; il obtint ensuite la chaire de mathématiques spéciales. Ses succès et un mémoire couronné par l'Académie de Bruxelles appelèrent sur lui l'attention et lui valurent de suppléer pendant deux ans un professeur du collége de France. Il quitta Saint-Louis pour passer à Charlemagne, où son enseignement porta les mêmes fruits et obtint les mêmes succès, soit au concours général, soit par l'admission de ses élèves à l'Ecole Polytechnique. Sa carrière universitaire s'est terminée au lycée Napoléon, où, fatigué, il prit sa retraite après trente années de professorat, non interrompues, et pendant lesquelles il fut hautement considéré de ses supérieurs et de ses collègues, aimé et vénéré de la jeunesse intelligente qui suivait ses leçons.

Mais ce ne sont pas là ses seuls titres.

Le professeur qui enseignait la science avec tant de zèle et de distinction, consacrait en même temps à la cultiver tous les moments que lui laissait l'exercice de ses laborieuses fonctions. Ses loisirs et ses veilles étaient employés à composer des livres auxquels le succès non plus n'a pas manqué, ou à rédiger des Mémoires que des savants de premier ordre surent apprécier et qui furent quelquefois, à l'Institut, entre eux, l'objet de discussions sérieuses.

Mais c'est ici qu'une autre bouche que la mienne devrait faire l'éloge de notre collègue et ami ; à son défaut, je regrette de me borner à une sèche et laconique énumération de ses travaux.

Amiot, pendant la durée de son enseignement, a publié les ouvrages et les écrits suivants :

1° Un *Traité de géométrie élémentaire*, qui a eu deux éditions ;

2° Un *Cours de cosmographie*, qui est arrivé à sa quatrième édition ;

3° Deux *Notes* sur les *approximations numériques* et sur la *résolution des équations du premier degré* imprimées dans le précis analytique des travaux de l'Académie de Rouen et reproduites plus tard dans les *Nouvelles Annales de mathématiques;*

4° Un *Mémoire sur les polygones réguliers,* imprimé en juin 1844, dans le même recueil;

5° Un *Mémoire sur une nouvelle méthode de génération et de discussion des surfaces du deuxième ordre,* imprimé dans le *Journal de mathématiques* de M. Liouville, t. VIII, p. 161.

Ce mémoire a reçu l'approbation de l'Institut sur un rapport de M. *Cauchy* et a été l'objet d'une discussion étendue entre *M. Chasles* et *M. Poncelet.* (Voir le *Compte rendu des séances de l'Académie des sciences,* t. XVI, p. 947 et suiv.).

6° Un *Mémoire sur diverses propriétés des surfaces du deuxième ordre déduites de la théorie des focales,* imprimé dans le *Journal de mathématiques,* de M. Liouville, t. X, p. 10.

7° Une *Note sur quelques points de la théorie analytique des surfaces,* imprimée dans le tome XII, du même recueil.

8° Un *Mémoire sur les points singuliers des surfaces,* couronné par l'Académie de Belgique dans sa séance du 1ᵉʳ août 1846 et imprimé dans le tome XXI de ses *Annales.*

Cette longue et froide liste par elle-même n'a-t-elle pas son éloquence et sa signification? Elle montre avec quel talent l'éminent professeur, en dehors de son enseignement oral, savait à la fois vulgariser la science et en agiter les plus élevés et les plus délicats problèmes.

Quand on a entendu cette simple énumération de travaux et de services, il est impossible qu'une question ne se présente pas à l'esprit, question que j'ai tant de fois trouvée dans la bouche de toutes les personnes qui connaissaient l'homme de mérite, le savant modeste, celui qui fut tant d'années le maître vénéré et estimé de la jeunesse de nos écoles.

Comment se fait-il qu'un tel homme, qui a honoré à ce point l'Université, n'ait pas reçu la distinction et la récompense honorifique qu'obtient le plus grand nombre des professeurs, après avoir enseigné plusieurs années dans les lycées de Paris?

Cette question, il ne me convient pas ici de l'approfondir ni d'en chercher la solution. Qu'elle reste donc une énigme. Mais ce que je dois ajouter, c'est que ce qui paraissait à tous une injustice ou un inexplicable oubli, a été pour notre ami un titre de plus à la haute estime qui l'accompagnait partout et le *décorait* par la dignité avec laquelle il a constamment supporté ce à quoi il ne pouvait sans doute être insensible. Jamais un mot de plainte ni de récrimination n'est sorti de sa bouche. Il aurait pu recourir à des moyens qui certes n'ont que trop de succès et ne sont que trop ordinaires. Ils répugnaient trop à sa fierté naturelle et à la noblesse de son caractère ; il les a dédaignés. Cela seul montre que chez lui le caractère était à la hauteur de l'intelligence.

En parlant du caractère, je me sens tout à fait à l'aise ; et si j'ai dû être jusqu'ici réservé, je ne demanderais pas mieux maintenant qu'à m'étendre ; mais je ne dois pas abuser de vos moments. Parmi tous ceux qui ont connu Amiot, qui n'a été pénétré d'une vive et profonde sympathie pour l'homme bon, franc, loyal, bienveillant, aimable, à la conscience droite, aux sentiments élevés et généreux, toujours disposé à rendre service et à faire du bien aux autres et à s'oublier lui-même ? Ce mathématicien, cet algébriste, cet auteur de mémoires sur les approximations numériques, etc., quelle chaleur d'âme on trouvait chez lui toutes les fois qu'il s'agissait d'une question, d'une action, d'une situation où l'honneur, la probité, quelque intérêt moral ou patriotique étaient en jeu !

J'entends encore vibrer cette voix émue, sonore, résonnant du dedans, expression de son âme convaincue et généreuse, parfois enthousiaste. Lui, ordinairement réservé et silencieux, devenait alors réellement passionné, mais passionné dans le bon sens, passionné pour tout ce qui était noble et généreux, passionné surtout pour tout ce qui touche à la grandeur et aux destinées de son pays. Que de choses j'aurais à dire et à raconter que savent ses amis, et mieux encore ceux qui connaissaient ses plus intimes pensées !

Le mal qui l'a emporté et qui couvait depuis longtemps, qui sait quelle en fut la cause première et le germe latent ? Nul homme n'a plus souffert des désastres et des malheurs de son pays. Enfermé dans Paris pendant le siége, il en a éprouvé toutes les émotions, les angoisses, comme les privations. Ce qui a ruiné, ébranlé, ou affaibli tant de constitutions plus robustes et moins fatiguées que la sienne a bien pu aussi être la première cause de la terrible maladie à laquelle il vient de succomber.

Amiot cependant fut heureux ; il le fut surtout à son foyer. Là il l'était d'un bonheur tel qu'il effrayait parfois ses amis, heureux par la femme aimable, bonne, spirituelle, affectueuse et tendre qui fut trente-huit ans le charme de sa vie, heureux par ce fils qui, depuis son enfance, fut sa joie et son orgueil, qui a porté et qui porte si brillamment son nom.

Les succès éclatants du fils devaient rejaillir sur le père ; ils étaient aussi les siens, puisqu'il les avait préparés. Ce bonheur domestique, Amiot en jouissait sans réserve, sans aucun retour, ni regret d'ambition. Le comble à ce bonheur venait d'être apporté par le retour de ce fils chéri, depuis quelques années éloigné par ses fonctions dans la province.

Tout cela, en quelques jours, s'est écroulé. Je ne ferai pas, en terminant, de réflexion banale sur la fragilité des choses humaines; mais je dirai sur cette tombe, en stoïcien à la fois et en chrétien : Amiot a été heureux, constamment heureux, puisqu'il a bien vécu et que sa vie a été une des mieux remplies et des plus honorables que nous ayons connues.

Adieu, Amiot, mon vieux camarade. Adieu, et au revoir dans un monde meilleur.

PARIS. — IMPRIMERIE P. MOUILLOT. 13, QUAI VOLTAIRE